ロジカル男飯

樋口直哉
Naoya Higuchi

光文社新書

企画・タイトル　和田葵
デザイン　橋本千鶴
撮影　白倉利恵
撮影アシスタント　Iamshchikova Daria、永澤真由子、小野田陽太
編集協力　柿内芳文

はじめに

かつて「男の料理」という言葉がありました。1957年から現在まで放送されているNHKの料理番組『きょうの料理』で『男の料理』というコーナーがはじまったのが1983年。このコーナーは後に『男の食彩』（1991年～2000年）という番組に発展します。プレジデント社が『dancyu』という雑誌を創刊したのは1990年。この誌名は「男子厨房に入らず」を転じて「男子も厨房に入ろう」という意味から名付けられました。もちろんそれ以前から「男の料理」という言葉は使われていましたが、1980年代～2000年くらいまでが、この言葉の最盛期だったように思います。

この頃、男の料理という言葉につく形容詞は『ウンチク』『豪華素材一点主義』『豪快』といったもので、趣味的な料理という印象がありました。今でも趣味の料理はスパイスからカレーを作る男、定年後にそば打ちをはじめる男という具合に嘲笑的に語られたりしますが、「男の料理」という言葉自体はほとんど聞かなくなりました。いくつかの理由が考えられますが、一つは男性が料理をするのが当たり前になったからでしょう。

そもそも料理に性別などないのです。でも、この本ではあえて「男飯」という単語をタイトルに掲げてみました。単純に男が好む料理……というわけではなく、市場や工場などで働く労働者や若い人のために考案された昔からある料理から、レシピを書いてみました。

そこに「おいしさとはなにか」を考えるヒントがある、と思ったからです。まず、料理における「おいしさとはなにか」から解説していきましょう。

料理におけるおいしさには大きく、
一　食べ手に起因する要因
二　食べ物に起因する要因
の二つがあります。

食べ手に起因する要因には食習慣、体調、環境、情報や価値観などがあります。慣れ親しんだ料理は当然、おいしいですし、そもそもひどい風邪を引いていれば味わうどころではありません。予約がとれない流行の繁盛店は情報を上手に使い、料理の味わいを演出しています。

次の食べ物に起因する要因にはいくつかの階層があ

ります。一番下に位置するのが味で、基本味（甘味、酸味、塩味、苦味、うま味）に感覚である辛味や渋味が加わったものです。最近では2018年に九州大学のグループが舌の味蕾《みらい》細胞から脂肪に反応する神経を発見したことから、六番目の味として脂肪味が加わるか、という議論が続いています。

これらの味に香りを加えたものが「風味」で、さらに視覚（色、つや、形）や聴覚（環境音、音楽）も感じ方に影響します。これがあわさり、おいしさは判断されるのです。

そもそもなぜ人は味を感じるのでしょうか。それは人間の生存に必要な食べ物を見分けるためです。塩味はもちろん人間が生きていくために必要なミネラルの味で、甘味（糖や炭水化物など）や脂肪はエネルギー源。うま味はアミノ酸の味＝タンパク質のサインです。酸味は腐敗を知らせる危険信号で、苦味は植物などの毒を教えてくれます。

全国各地で根強く愛される料理を俯瞰すると多くが〈炭水化物＋脂質＋うま味（＋塩味）〉で、構成されていることに気づきます。生姜焼きだけを食べるよりも、ご飯と一緒に食べたほうがおいしい。味は人間が生きていくために必要な食べ物を知らせるシグナルなので、それを満たす料理は間違いなくおいしいわけです（もちろん、健康に留意するならランチに食べすぎたら夜は軽くする、などの栄養バランスは気にする必要があります）。

この本に掲載されているレシピを２点～３点つくれば「おいしいもの」をつくることが意外と簡単だとわかると思います。それでもおいしくない、と感じる人がいたら、それは食べ物側に問題があるのではなく、食べ手側の要因によるもの。味覚の感受性は人によって異なるので、自分で調整するしかありません。本書ではそのために必要な塩分濃度の計算方法なども伝授します。

おいしいものをつくるのは簡単。食材はそれ自体においしさを持っているので、つくる人はそれを損なわないようにすればいいだけだからです。これは料理の真髄ですが、難しいのはつくり続けることです。日々の料理はときに作業に陥りがちで、義務になってしまうとつまらなく、苦痛に感じることも。

そこで本書ではおいしい料理に〈一点突破の過剰さ〉を加えたものを男飯と定義しました。料理における過剰さはエンタテインメント性、面白みです。毎日、料理ができるのは義務ではなく、自由に生きていくための権利なので、たまには面白みのある料理をつくるといい気分転換になります。

僕が時々足を運ぶ近所の喫茶店では、刻んだ大葉が山程のったスパゲッティを出していて、名物料理になっています。味や原価、顧客の満足度を考えると半分の量でも十分満足できるかもしれませんが、山程の大葉をのせることでしか得られない面白さがあるのです。

例えばラーメンは家でつくるのではなく、外食したほうが合理的です。しかし、外食では料理をする楽しさ、達成感は得られません。そもそも合理性を突き詰めると料理なんてせずに、完全栄養食品を摂取して生きていくのが賢い、という世の中になりそうですが、実際には多くの人が毎日料理をしています。料理には何事にも代え難い面白みがあるからです。料理は生きていくために必要な——生活の一部でもありますが、男も女も関係なく、万人に開かれたクリエイティブな行為なのです。

目次

第二章 肉・魚介

第三章　どんぶり・ごはんもの

第一章

五大男飯

1. 「炭水化物＋脂質＋うま味」で構成された食べ物
2. 一点突破の「過剰さ」
3. 男女分け隔てなく万人に好まれる味

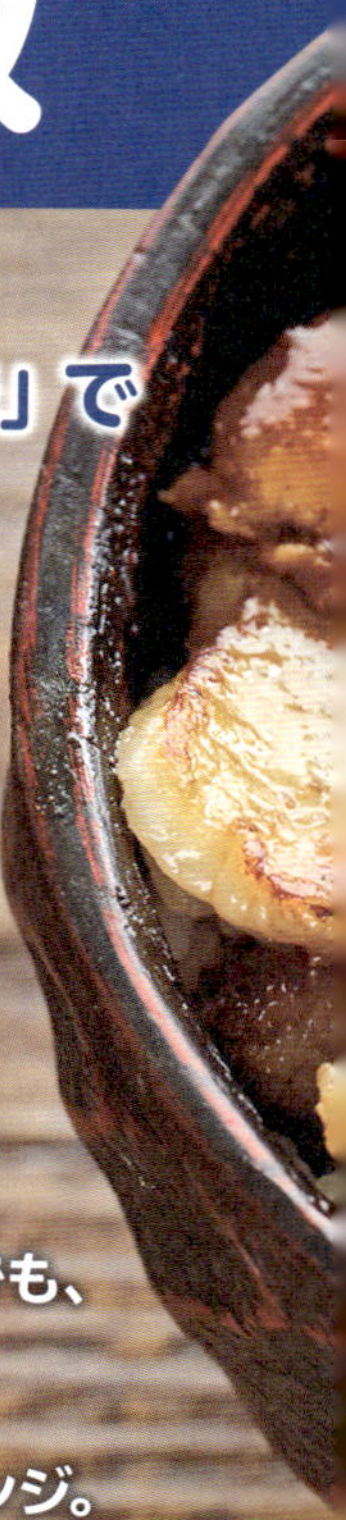

上記三つの要件を満たす「男飯」のなかでも、全国の名店などで多くの人々の胃袋を満たしてきた料理を樋口流にアレンジ。ロジカルに味を追求した五つの品を「五大男飯」とし、レシピとロジックを紹介！

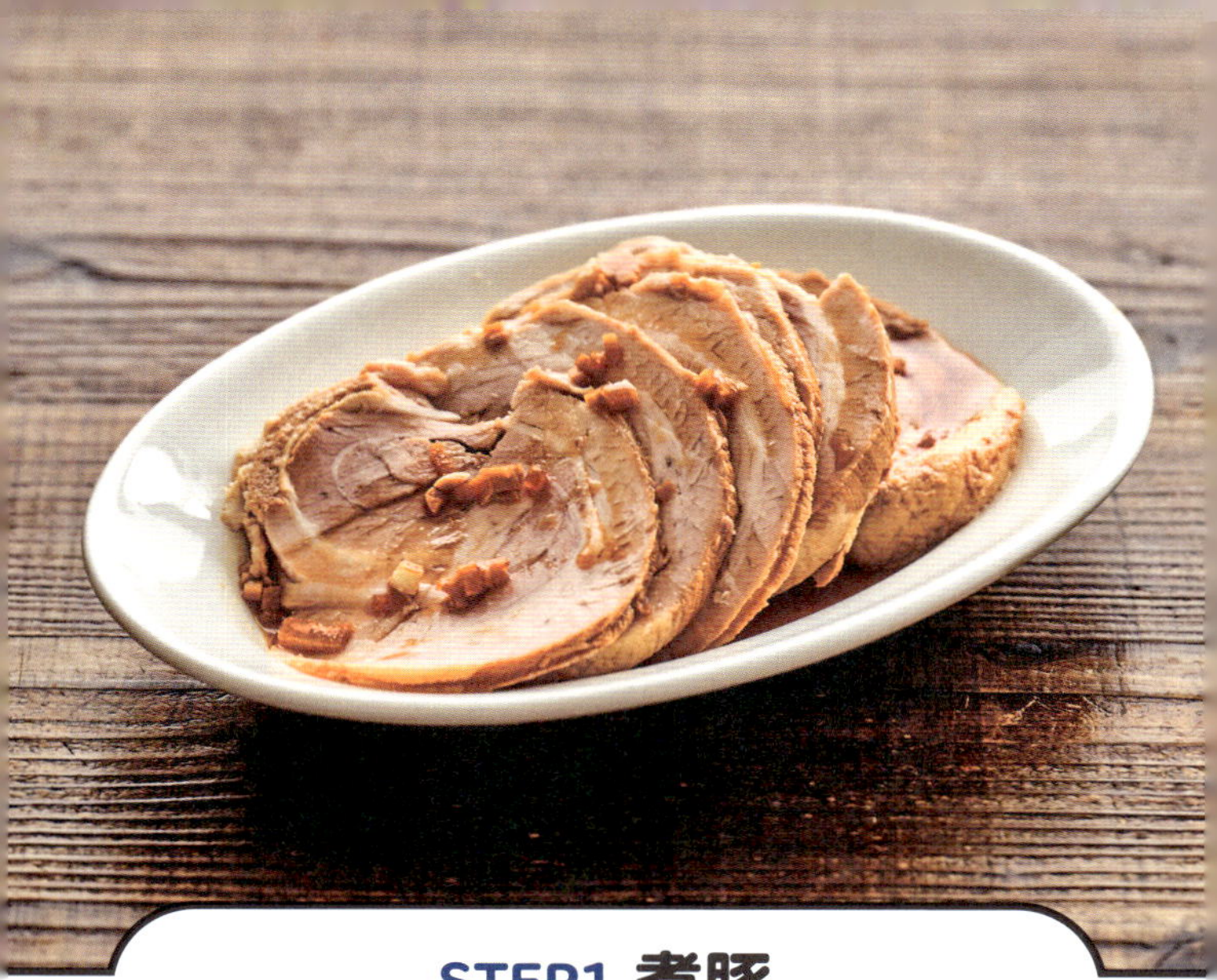

STEP1 煮豚

そのままおつまみでも最高！

材料（2人前）

豚バラ肉（ブロック）…500g

水…1ℓ+400㎖

漬け込みタレ

しょう油…100㎖

みりん…70㎖

酒…大さじ2

にんにく…1片（粗いみじん切り）

1 豚バラ肉は7㎜～8㎜ほど脂を削ぎ、丸めてタコ糸で巻く。鍋に水1ℓと豚バラ肉と削ぎ取った脂を入れ、キッチンペーパーを被せ、中火にかける。

2 水が沸いてきたら弱火に落とし、途中残りの水を足しながら2時間煮る。

3 小鍋にタレの材料をすべて入れて火にかけ、沸騰したら、火を止める。保存袋に2の豚バラ肉とタレを入れ、1時間常温で漬ける。（または冷蔵庫で食べるときまで保存する）

五大男飯1

STEP2「二郎系」ラーメン

ガッツリおいしい王道ラーメン

材料（2人前）

中華生麺…2袋
煮豚…好みの量
（適当な厚みに切る）
煮豚の煮汁…500㎖
煮豚のタレ…100㎖
顆粒鶏ガラスープの素
…小さじ2
キャベツ…適量
もやし…1／2袋
煮豚の脂…適量

1
キャベツはざく切りにし、煮豚の脂はフォークや泡だて器などで砕いて細かくする。

2
鍋にたっぷりの湯を沸かし、キャベツともやしをザルに入れて1分~2分茹でる。同じ湯で袋の表示時間を参考に麺を茹でる。

3
別の鍋に煮汁を量り入れ、ガラスープとタレを加え、沸かしたものをどんぶりに注ぐ。茹で上がった麺、茹でたキャベツともやし、煮豚を盛り付け、1で細かくした煮豚の脂を添え、好みでタレ（分量外）をまわしかける。

解説 煮豚

豚バラ肉の塊を「やわらかく」煮込むには何時間必要か？

豚バラ肉は４割が脂肪。じっくり煮込むことで余分な脂肪を落とすとともに、脂肪組織に入り込んだコラーゲンをゼラチン化させ、やわらかな食感にします。

ただ、レシピによって異なるのが茹でる時間。ある程度の大きさの豚バラ肉の塊を煮込む場合、コラーゲンを加水分解するのにかかる時間は 98℃で２時間が目安です。これは化学反応なので短くすることはできません。

煮豚も同じ原理の料理なので、下茹でには最低２時間はかけましょう。

解説 煮豚

しっとりの秘訣は煮るのではなく調味液に「漬ける」

煮豚はしょう油や酒でコトコト……をイメージされるかもしれませんが、このレシピではやわらかく茹でた豚肉を調味液に漬ける方法を採用しています。

調味料の浸透速度は温度に依存するので、煮ることで味が早く浸透する、というメリットがある一方「煮詰まる」という問題があります。一方、このレシピのようにあらかじめ適正な塩分濃度に調整したタレに漬ければ、味が濃くなったり、薄くなったりという問題を回避できます。常温に置くのは温度が高いほど分子がよく動く＝味が染みるからですが、細菌が増殖するリスクがあるので２時間を超さないように。時間を置く場合は冷蔵庫で保存します。

解説「二郎系」ラーメン

おいしいラーメンの塩分濃度

家庭でラーメンをつくるハードルは塩分濃度。

調理科学の世界では味をつけたい材料の重量に対しての調味料の割合を調味パーセントといいますが、みそ汁やすまし汁の塩分濃度は0.6%～0.8%、かぼちゃの煮物は0.8%～1.0%、おひたしでも1%～1.2%です。

一方、ラーメンスープの場合、必要な塩分濃度は1.2%～1.6%。比較的濃くしないとおいしく感じられないのは、うどんやそうめんと違って麺自体に味がついていないからです。また、味付けの幅が1.2%～1.6%と広いのも特徴で、スープに脂が少ない場合は薄めに、多く浮いている場合は舌が味を感じにくくなるので濃いめに調整します。

調味パーセントを知っていれば必要な調味料が割り出せます。例えば150㎖のスープがとれたとして、それを塩分濃度1.2%～1.6%にしたい場合、必要な調味料は「1.2%～1.6%×150g÷100」で1.8g～2.4gが必要な塩分です。この塩分量をしょう油で補う場合、しょう油の塩分濃度は16%なので「1.8g～2.4g（必要量）÷0.16（しょう油の塩分濃度）=11.25g～15g」となります。市販の顆粒だしや顆粒スープの素を使う場合はパッケージ裏面に記載されている食塩相当量を参考にしてください。

解説「二郎系」ラーメン

塩分濃度は ChatGPTと相談

塩分濃度を「いちいち計算していられない」という人も大丈夫。最近はChatGPTがあります。

『液体○mℓに塩分濃度16%のしょう油を加えて、塩分濃度○%にしたいです。必要なしょう油の量を教えてください』

と聞けばざっくりと教えてくれます。

さらに味の素のほんだしを使う場合は、

『○mℓのスープに味の素のほんだし小さじ1としょう油を加えて、塩分濃度○%にしたいと思います。必要なしょう油の量を教えてください。しょう油は塩分濃度16%、ほんだし小さじ1に含まれる塩分は1.2gです』

とChatGPTに入力すれば必要なしょう油の量を教えてくれます。

あとは好みに応じて糖分を足し、スープの味のバランスを整えるだけです。

これらの数字はあくまで参考で、例えばこのレシピでは豚肉の調味液＝塩分濃度約11%のタレをスープに加え、約1.8%の塩分濃度を目指しています。これはキャベツやもやしなどでスープが薄まることを考慮しているからです。この調味パーセントという考え方は普段のみそ汁から炒め物、焼き物まであらゆる料理に応用できます。

五大男飯2

「帯広を超えた」豚丼

北海道名物を最適な焼き加減で

材料（2人前）

豚バラ肉（ブロック）
…250g

A 水…200㎖
塩…10g
砂糖…10g

B しょう油…40g
みりん…50g
砂糖…20g

温かいご飯…茶碗2膳分
白髪ネギ…適量
粉山椒…好みで振りかける

1 豚バラ肉は3～4㎜厚に切り、Aに10分漬ける。

2 1の水気をキッチンペーパーで拭き取り、中火のフライパンで片面を焼く。肉汁が浮いてきたら裏返して、混ぜ合わせたBを加え、タレが絡むまで煮詰める。

3 ご飯の上に2を並べ、タレをかける。白髪ネギを添える。好みで粉山椒を振る。

解説「帯広を超えた」豚丼

肉汁は中心温度が65℃を超えたサイン

適切に調理された肉はすばらしい料理の主役になります。肉を切ると断面から酸化や乾燥が進み、味わいが落ちるので、調理直前に塊肉から切り出すのが一番です。さて、切った肉をどれくらいまで加熱するか。これが肉料理におけるテーゼです。

安全性を確保しつつ、タンパク質が硬くならない程度に加熱する必要がありますが、豚肉の場合、中心温度で70℃が目安になります。タンパク質の温度が65℃を超すと肉汁の放出がはじまり、さらに長く加熱するとパサパサとした硬い食感になってしまいます。豚バラ肉であれば脂肪が多く含まれているので、加熱しすぎてもパサつきにくいという特性はありますが、やはり加熱しすぎは避けたいところ。しかし、温度は目に見えませんし、薄い肉には温度計も差し込めません。では、どうするか？

肉の表面に浮いてくる肉汁を観察すればいいのです。肉の表面に肉汁が浮いてきた＝下側が焼けて肉の繊維が縮み、肉汁を放出しはじめたことを示しています。この段階まで加熱したら裏返し、タレを加えて温度を下げ、後は余熱で調理すれば火が通りすぎる心配はありません。牛肉を除くほとんどの肉は最終的な調理温度を65℃～70℃のあいだに収めれば間違いありません。薄切り肉は肉汁が浮いてきたら裏返し、反対側をさっと焼く。この考え方は焼肉を食べるときにも応用できます。

五大男飯3

「肉汁爆弾」鶏の唐揚げ

皮で包むことで驚くほどジューシー

材料（2人前）

鶏もも肉…1枚（260g）

A しょう油…大さじ1
酒…大さじ1
こしょう…少々
にんにく…小さじ1／2（すりおろし）

小麦粉…大さじ2
片栗粉…大さじ2
揚げ油…適量（26㎝フライパンに200㎖が目安）

1 鶏もも肉は6等分に切り、Aで和える。

2 小麦粉を加え、一切れずつ片栗粉をまぶし、5分ほど置く。常温の油を張ったフライパンに皮を外側にして丸めた鶏肉を並べ、中火にかける。

3 衣が色づいたら裏返し、火を弱火に落として5分～6分火を通し、こんがりと色づいたら出来上がり。

アレンジ 唐揚げ丼

ガッツリ系“親子丼”

材料（2人前）

唐揚げ
…好みの数
玉ねぎ…1／2個
卵…4個
どんぶりだし
しょう油…50g
みりん…50g
砂糖…18g（大さじ2）
水…100㎖
ほんだし…小さじ1／4
ご飯…茶碗2膳分
こしょう…適量

1 玉ねぎは薄切りにする。ボウルに卵を割り入れ、軽く溶く。

2 小鍋にしょう油、みりん、砂糖、水、ほんだし、**1**の玉ねぎを入れ、中火にかける。沸騰したら弱火に落とし、玉ねぎがしんなりするまで1分～2分煮る。

3 唐揚げを入れ、火加減を中火にしてから卵を注ぎ入れる。（黄身は少し残して）蓋をして、弱火で3分加熱し、残りの黄身を流し入れたら完成。温かいご飯にのせ、こしょうを振る。

皮で包んで揚げることで肉汁爆弾に

　唐揚げも他の肉料理と同様に加熱温度が重要です。唐揚げは肉の内部を65℃～75℃に保つ必要があります。65℃以下だと火が入らず、逆に75℃を超えると肉が硬くなってしまうからです。この温度帯を守るための秘策が鶏肉を低温の油に入れ、ゆっくりと温度を上げることです。この方法を使えば肉の中心が生という失敗を回避できます。こんなふうに低温の油から揚げる方法を紹介するとよく「一回で揚げきれないのですが、どうすれば……？」と質問されますが、その場合は一度油で揚げた後、火を止め、残りの鶏肉を加えて同じように揚げれば問題ありません。揚げ物は水と油の交換なので、加熱によって生じる気化熱によって油の温度はすぐに下がります。お弁当のように食べるまで時間がある場合は粉をつける前に溶き卵にくぐらせてください。卵が接着剤になり、衣が崩れるのを防ぎ、ある程度水分を吸収するのでフニャフニャにならずにすみます。

　ジューシーさを実現する秘策がもう一つ。鶏肉の皮を上手に利用するのです。皮は恒温動物である鶏が外気温の変化に対応するために発達させた器官。さすがに高温の油までは想定していないでしょうが、皮で包むことで温度の伝わり方がゆるやかになり、加熱しすぎのリスクが減ります。また、加熱によって肉は縮みますが、皮が肉汁を閉じ込め隙間に留まるので、ジューシーさが残るのです。

解説 唐揚げ丼

卵の凝固温度を把握すると「卵とじ」は怖くない

残った唐揚げ。そのまま食べてもおいしいですが、卵とじにして唐揚げ丼にするのはいかがでしょうか。卵も肉や魚と同じタンパク質なので、加熱温度が重要です。卵は白身と黄身で構成される食材で、それぞれ性質が異なります。例えば卵黄は65℃くらいから固まりはじめ75℃前後で凝固しますが、卵白はそれより低い温度からゆるやかに固まりはじめ、80℃以上で凝固します。卵白に最も多く存在するオボアルブミンというタンパク質が凝固する温度が80℃だからです。

卵とじのトロッとした卵黄はおいしいですが、火が通りきらない卵白のズルッとした食感はなんとも嫌なもの。卵黄が完璧に固まる温度は卵白のそれよりも低いので、卵白に火を通そうとすると卵黄に火が入りすぎてしまいます。そのためレシピにはさらっと書かれていますが、卵を「軽く溶く」のが重要なのです。

卵黄と卵白が混ざりきらない状態にしておけば、先に卵白を中心にした卵を鍋に入れ、しっかりと火を通した後、卵黄を加えて調整ができます。卵黄を入れる前に鍋底を濡れ布巾などに当てて、温度を下げておくとさらに安全でしょう。白身にはしっかりと火が通り、黄身の一部にトロッとした状態が残る。これが卵とじの理想。卵のタンパク質が固まる温度を把握しておけばゆで卵からポーチドエッグ、温泉卵まで自由自在です。

五大男飯4

「ワイルド」粗挽きハンバーグ

肉のうま味でご飯が進む

材料（2人前）

牛切り落とし肉…200g
牛ひき肉…200g
A 塩…小さじ1／2
　生パン粉…10g
　黒こしょう…0.5g
　卵黄…1個
サラダ油…大さじ1
ソース
玉ねぎ…1／4個（すりおろし）
にんにく…1／2片（すりおろし）
B しょう油…大さじ3
　みりん…大さじ2
　水…大さじ1

【付け合わせ】
いんげん
…6本（2分塩茹でし半分に切る）
にんじん
…5枚〜6枚（5分塩茹で）

1 牛切り落とし肉は包丁で刻む。刻んだ牛肉、牛ひき肉、Aをボウルで混ぜ合わせる。

2 冷たいフライパンにサラダ油をひき、2等分して薄い小判形に成形した1を並べ、中火にかける。焦げ目がついたら裏返し、弱火に落として蓋をし、8分加熱し、火を止めて3分蒸らす。

3 フライパンからハンバーグを取り出し、皿に盛り、付け合わせを添える。同じフライパンで玉ねぎとにんにくのすりおろしを中火で炒める。色づいてきたらBを加え、ソースとする。

解説 「ワイルド」粗挽きハンバーグ

包丁で刻んだ肉がジューシーな理由

ハンバーグのおいしいレシピを検索すれば山のように見つけられます。やれ「パン粉ではなく麩を使うのが……」「刻んだ牛脂を……」「ゼラチンを入れれば……」と様々なコツがありますが主役の「肉」は案外見落とされがちです。

ひき肉はミートミンサーやミートグラインダーと呼ばれる器械を使い、カッターで肉を切断し、穴から押し出してつくります。それによって硬い肉もおいしく食べられるわけですが、押し出す工程で肉の繊維が破壊されるので肉汁が出やすい状態です。だから、肉から出汁をとるときにはひき肉を使ったりするわけですが、それはハンバーグの味が抜ける原因になります。そのため、味を考えればよく切れる包丁を使い、自分の手で切るのが一番です。

ただ、すべてを自分で切るのは大変ですし、コスト的にもバカバカしいので、ここでは半量をひき肉にし、残りを比較的安価な切り落とし肉で賄っています。副食材として加えたのは生パン粉と卵黄です。生パン粉は加熱によって失われる肉汁を抱え込むので味わいに貢献し、卵黄は乳化剤として作用し、脂が抜けすぎるのを防ぎます。肉種自体には玉ねぎも卵白も入れないので肉の味わいは薄くならず、ソースに玉ねぎとにんにくを加えることで、それぞれに含まれる硫黄化合物の働きで、風味が強くなります。まさに細かく刻まれたステーキといった仕上がり。ご飯が進みます。

五大男飯5

「超」生姜焼き

パンチの効いたしょうがの香り

材料（2人前）

豚ロース肉（ソテー用）…2枚
小麦粉…適量
牛乳…適量
サラダ油…大さじ3

A
しょう油…30g
はちみつ…30g
みりん…20g
しょうが…10g（すりおろし）

にんにく…1g（すりおろし）
しょうが…適量（すりおろし）
キャベツ…好みの量（千切り）

1 豚ロース肉は筋を切り、小麦粉をまぶす。牛乳にくぐらせ、もう一度小麦粉をまぶす。

2 サラダ油をひいたフライパンを中火にかけ、1の豚ロース肉を揚げ焼きする。30秒ごとに裏返しながら3分焼き、一度取り出して、3分休ませる。

3 フライパンの油を捨て、豚肉を戻し、混ぜ合わせたAを絡めて煮詰める。器に盛り付け、しょうがのすりおろしをたっぷりとのせる。キャベツの千切りを添える。

しょうがのW使いの理由

生姜焼きの作り方は「タレに漬け込んでから焼く」か「焼いてからタレを絡める」の二通り。前者はしょうがに含まれる酵素の働きによって肉がやわらかくなるメリットがあり、後者は肉の香ばしさが出やすく、しょうがの芳香が残りやすいという長所があります。どちらが正解というわけではありませんが、今回は後者の作り方をご紹介します。しょうがに漬け込んでいないため焼きすぎると硬くなるリスクがあるので、やや厚めの肉を使い、加熱しすぎに注意し、ジューシーさを残すのがコツです。

しょうがは変わった野菜で、ほとんど味がありません。その証拠に鼻をつまんだ状態ですりおろしたしょうがを舌にのせると痛いだけで味はしないのです。

しょうがの味わいとされるのは辛味と香りです。辛味は加熱によって一部が失われるので、このレシピでは生のすりおろしをたっぷりとのせることで補いました。一方、しょうがには200以上の香りが含まれていて、加熱によって変化します。そのため加熱したしょうがと生のしょうがを一緒に味わうことで、香りをより強調できるのです。

また、タレにははちみつを加えるのがポイント。砂糖のショ糖ではなくはちみつの果糖とブドウ糖をあわせることでメイラード反応が促され、香ばしさが一層アップします。

第二章

肉・魚介

脂質やうま味を多く含む、
男飯の王道的食材の肉や魚介。
処理や火入れなど、
味や食感を極限まで引き出す
ロジックとともに
レシピを紹介！

オーブンで焼く分厚いステーキ

じっくり火入れして肉の風味を凝縮

材料（2人前）

牛ステーキ肉（厚さ3㎝）…2枚
塩…肉の重量の0.8%
オリーブオイル…大さじ1
粗びき黒こしょう…適量
塩（粒の大きいもの）…適量

1

オーブンを設定できる一番低い温度（100℃～130℃）に設定し、塩を振った牛ステーキ肉を入れて温める。

2

20分経ったらステーキに温度計を刺し、中心部の温度を確認する。レアは46℃、ミディアムは52℃、ミディアムウェルダンは57℃が目標。レアは20分、ミディアムウェルダンで30分が目安だが、オーブンの温度や湿度によって時間は異なるので頻繁に確認する。

3

鉄のフライパンを強火で熱し、オリーブオイルをひき、2のステーキを焼く。この工程でステーキの内部温度はさらに上がる。両面に焦げ目がついたら取り出して切り分け、粗びき黒こしょうを振って粒の大きい塩を添える。最終的な温度はレア52℃、ミディアム58℃～60℃、ミディアムウェルダン61℃～64℃が目標。

ステーキは温度計があれば失敗しない

ステーキの焼き方には様々なアプローチがありますが、ロジカルに考えれば失敗しません。目指す先は一つ。

表面には香ばしい焼き色がつき、中心温度は好みによりますが56℃～60℃程度を目指し、均一に火を入れるのが目標です。昔、多くの料理本やシェフは肉を調理する最初のステップはまず表面を焼くことと教えてきました。その後、中温度のオーブンに入れ、好みの具合まで火を通すのです。しかし、ここではまったく逆、最後に表面を焼くというアプローチをとっています。

英語で「Reverse-Seared」と呼ばれるこの方法には多くのメリットがあります。肉を常温に戻す必要もなく、休ませる必要もありません。コンベクションというファンで対流を起こすオーブンの場合は80℃、普通のオーブンの場合は90℃～100℃が理想ですが、設定できない場合は設定できる最も低い温度に肉を入れ、ゆっくり火を入れていきます。肉は蒸発する自らの水分によって冷やされる（＝気化熱）ので、肉の温度はゆっくりと上がっていきます。真空調理と似ていますが、表面が乾燥するので焦げ色がきれいにつくメリットも。目的の中心温度になったら取り出し、最後に高温のフライパンで焼き目をつけますが、絶対に必要なのがプローブタイプ（刺せる）温度計です。肉の中心温度を測りながら慎重に加熱していきましょう。

豚のにんにく焼き

ガッツリ系ご飯泥棒

材料（2人前）

豚肩ロース薄切り肉
…180g~200g
長ネギ…1/2本
A しょう油
…大さじ1+1/2
砂糖…大さじ1
酒…大さじ1
みりん…大さじ1
にんにく…1片（すりおろし）
キャベツ…適量（千切り）
マヨネーズ…適量

1 長ネギは斜め薄切りにする。

2 フライパンに豚肩ロースを並べ、中火にかける。表面に肉汁が浮いてきたら裏返し、1を加え、混ぜ合わせたAをまわしかける。

3 そのまま煮詰めてとろみがついたら器に盛る。キャベツの千切りとマヨネーズを添える。

解説　豚のにんにく焼き

うま味を加えるにんにく、濃い味を引き立たせるキャベツ

豚の生姜焼きの技法を応用したにんにく焼きはガッツリ好きのためのメニューです。しょうがは味がない野菜と述べましたが、にんにくはまったく逆で、硫黄化合物を含んだ濃厚な風味もありますし、うま味（グルタミン酸）も含んでいます。グルタミン酸は肉のうま味のイノシン酸と相乗効果があるので、うま味が何倍にも膨らむのです。

一緒に組み合わせたのは長ネギ。玉ねぎよりも甘味が少ないので、マッシブな印象に仕上がります。やはり加熱しすぎないのが重要なので、イメージは片面焼き。肉汁が浮いてきたタイミングで裏返し、タレを加えたら強火で煮詰め、短時間で仕上げます。

濃いめに味付けした豚肉に添えるのがキャベツの千切りです。味をつけていないキャベツの千切りが緩衝材として働き、味覚をリフレッシュさせる効果があります。一皿に味の濃いものと味をつけていないもの（僕は鈍い味と呼んでいます）を組み合わせるのが食べ飽きないためのセオリー。豚肉の味付けが濃くてもたくさんのキャベツと口に運べばバランスがとれます。ガッツリ系の料理こそ、こうした味付けの調整が重要です。キャベツの千切りはカット野菜で売られていますが、水にさらされている＝風味化合物が流れた状態なので、自分で切るのがベター。パリッとしたキャベツの味わいがこの料理には不可欠です。

肉吸い

卵かけご飯とも相性抜群

材料（2人前）

牛切り落とし肉（国産牛または黒毛和牛）…180g
青ネギ…5本
うどんだし
水…600㎖
しょう油…50㎖
みりん…50㎖
砂糖…小さじ1
ほんだし…小さじ1
卵…2個

1 青ネギは小口切りにし、牛肉は大きければ7㎝～8㎝長さに切る。

2 鍋に水、しょう油、みりん、砂糖、ほんだしを入れ、中火にかける。沸いたら牛肉を入れ、弱火でアクをすくいながら1分～2分煮る。

3 煮汁が澄んできたら卵を割り入れ、さらに弱火で4分～5分煮る。器に盛り付けて青ネギをのせる。

配合比を憶えて めんつゆいらず

　肉吸いは肉うどんからうどんを抜いたスープ料理。大阪・千日前にある「千とせ」という店が発祥とされますが、今では多くの飲食店で提供されています。ある程度、脂肪が入った牛肉を使ったほうがやわらかく仕上がり、味がいいようです。七味唐辛子を振り、卵かけご飯を添えるのが定番。

　味のポイントは「うすくちしょう油」です。関西圏で愛用されてきましたが、今ではどこのスーパーでも入手可能になりました。「うすくち」は「淡口」と書くように、色の淡さが特徴。塩味が薄いわけではなく、むしろ濃口しょう油よりも塩分は強いので、うどんつゆや吸い物、炊き込みご飯に使うと簡単に味がまとまります。うすくちしょう油に慣れないうちは使用頻度が低くなりがちで、せっかく購入しても使い切れず鮮度が落ちてしまう……という問題がありましたが、酸化防止機能がついた二重ボトルの登場で、そうした懸念もなくなりました。1本買うだけで普段の料理の味がよくなるので、ぜひ酸化防止二重ボトルの製品を購入してください。「出汁5:しょう油1:みりん1」の配合はそばつゆの比率で、配合比を憶えておけば量は調整できます。この本では顆粒のだしで工程を省いていますが、市販のめんつゆは使用していません。めんつゆは賞味期限が短いので、経済的ではないからですが、もちろん家に好みのめんつゆがあれば置き換えも可能です。

牛すじ煮込み

お店で食べるようなプルプル食感

材料（2人前）

牛すじ肉…250g
しょう油…80g
砂糖…60g
酒…200mℓ
にんにく…1片（すりおろし）
ダイコン…200g
こんにゃく…50g

1

牛すじ肉は3㎝くらいに切り、茹でこぼしてから、水1ℓ（分量外）を加え2時間煮込む。ダイコン、こんにゃくは2・5㎝角を目安に切る。

2

酒、にんにくのすりおろし、しょう油、砂糖、ダイコン、こんにゃくを加え、さらに30分煮込む。

牛すじがやわらかくなる理由

牛肉のなかでも比較的安価なすじ肉の煮込みは居酒屋の定番。すじ肉は硬いので、焼くだけではおいしく食べられませんが、長く煮込むことでやわらかく、とろける舌触りに変化します。硬さの原因であるコラーゲンが加水分解し、ゼラチンに変わるので、とろりとするからです。

調理中に起きる化学反応の多くは時間と温度の両方が影響します。ミオシンとアクチンなどのタンパク質変性は通常の加熱温度では瞬間的に起きますが、コラーゲンの変性や加水分解には十分な時間が必要になります。反応速度は温度に依存するため一気圧における最大の温度＝98℃で加熱した場合、最低２時間は必要で、この時間を短縮することはできません。いわゆる時短テクニックのようなもので物理現象そのものは変えられないのです（約120℃で加熱できる圧力鍋を使えば時間を1/2に短縮できます）。

煮込み料理は時間がおいしくしてくれる料理です。時々、ガス代が心配という方がいますが温度を維持するのに必要なエネルギー量は気化熱によって失われる熱を補える分だけあればいいので、弱火を守ればその心配には及びません。水道水を100℃まで加熱するのに比べれば必要なエネルギーはずっと小さいので、必要以上にガス代に怯《おび》える必要はないでしょう。

純レバ

浅草発祥「レバニラのニラ抜き」

3 フライパンにたっぷりの湯を沸かし、湯の重量の1%の塩（分量外）を加える。弱火に落とし、レバーを30秒茹で、ザルで水気を切る。

4 中火にかけたフライパンにごま油をひき、3のレバーを加え、30秒〜45秒ほど焼く。

5 片面に焦げ目がついたら一度、火を弱め、Bを加え、ざっくりと混ぜる。レバーを器に盛り付け、Bを軽く煮詰める。

6 ラー油を落とし、レバーにかける。ネギの小口切りをたっぷりと添える。

最強のコスパ食材レバー

昔は臭みが強いレバーも多かったですが、流通の発達により品質が飛躍的に向上した食材の一つです。レバーは鮮度が落ちやすいため小売店としても早く売り切る必要があるので、安値で価格が安定しています。風味に好みがあり、あまり調理法も広まっていないので手に取るのに勇気がいりますが、使いこなすとレパートリーが広がります。酒としょう油で下味をつけ、濃いめに味付けした純レバは下町の定番料理。ご飯にのせて純レバ丼にしても楽しめます。

材料（2人前）

鶏レバー…200g
A しょう油…小さじ1
　酒…小さじ1
長ネギ…1／2本
（小口切りにし、水にさらす）
B 砂糖…大さじ1
　しょう油…大さじ1
　酒…大さじ1
　オイスターソース…小さじ1
顆粒鶏ガラスープの素
…小さじ1／4
しょうが…10g（すりおろし）
にんにく…10g（すりおろし）
ごま油…小さじ2
ラー油…小さじ1／2

1 鶏レバーにハツ（心臓）がついていれば切り落とし、ハツを半分に切って血の塊があれば取り除く。レバーは包丁を寝かせて、斜めに1cm厚に切り、さっと洗う。

2 レバーとハツにAを絡める。小さなボウルなどでBを混ぜ合わせる。

ネギレバ

風味豊かなさっぱり系男飯

材料（2人前）

豚レバー…200g
ごま油…大さじ1
しょう油…大さじ1／2
長ネギ…1本（100g）

A ごま油…大さじ2
はちみつ…小さじ1
酢…小さじ1
塩…小さじ1／2
しょう油…小さじ1／4
粗びき黒こしょう…適量

1
ネギはみじん切りにし、**A**で和える。

2
豚レバーはキッチンペーパーで表面の水気を拭き取り、5㎜幅に切り、ごま油としょう油をまわしかける。冷たいフライパンにレバーを並べ強火にかける。

3
縁が色づいてきたら裏返し、火を止め、2分ほど余熱でじっくりと火を通す。皿に移し、**1**をかける。

硫黄化合物と酵素反応

町中華の定番、ニラレバ炒めに入っているのが豚レバーです。適当な大きさに切って、ごま油と塩で下味をつけ、しっかりと焼いたら、焼肉のタレをつけて食べるのがおいしい食材。ただ、鶏レバーと比べると豚レバーは同じ安価な食材ですが、調理の難易度は高めです。

他の内臓肉と同様に鮮度が落ちやすいので、購入するときは色艶がいいものを選びましょう。豚のレバーは薄皮を取る必要はなく、端から切るだけで食べられます。薄くしすぎると加熱したとき、乾燥して硬くなりやすいのである程度の厚みにするのがオススメです。レバーには菌やウイルスが付着している可能性が高いので、しっかり加熱して食べるのが基本。よく加熱したほうがおいしい肉なので、安心して火を通しましょう。

レバーにはネギ、ニラ、にんにくといった香りの強い野菜を組み合わせるのが定番。これらの野菜に含まれる硫黄化合物の風味が味わいを引き立てるからです。硫黄化合物はもともと植物が、動物に食べられないように出す防御物質で、細胞が傷つくことで生成されます。この反応は組織の損傷程度、反応に関係する酸素量、酵素反応が起こる時間の長さなどによって変わってきます。ネギダレは刻みたてのネギに調味料を加えた瞬間――つくりたてが一番おいしい。つまり、自分でつくって食べるのが一番という結論です。

にんにくレバー

にんにくダレで箸が止まらない

材料（2人前）

豚レバー…200g
ごま油…大さじ1
しょう油…大さじ1／2

A にんにく…一株（60g～70g）
ごま油…大さじ3
塩…小さじ1／2
顆粒鶏ガラスープの素…小さじ1／2
粗びき黒こしょう…適量

1 にんにくは一片ずつに分け、たっぷりの湯で皮ごと10分ほど茹でる。皮を剥き、包丁で粗く刻む。**A**を混ぜる。

2 豚レバーはキッチンペーパーで表面の水気を拭き取り、5㎜幅に切り、ごま油としょう油をまわしかける。冷たいフライパンにレバーを並べ強火にかける。

3 縁が色づいてきたら裏返し、火を止め、2分ほど余熱でじっくりと火を通す。皿に移し、**1**をのせる。

知は、現場にある。

光文社新書

解説 にんにくレバー

レバーの血抜きは必要なし

レバーを使ったレシピにはよく血抜きと称して「水にさらして臭みを抜く」という工程が出てきます。水にさらすことでどれくらい臭みが抜けるか、という実験がありますが、結果はほぼ変わらないという報告でした。水にさらすことで表面の組織液は多少抜けますが、全体に影響を与えるほどではないのです。

レバーの臭み対策にはそもそもレバー特有の匂いがどのように生成されるのか知る必要があります。レバーの臭みは細胞膜のなかにあるアラキドン酸という脂肪酸が、レバー自身が持つ鉄分と反応し、酸化することで生じます。そのため、臭みを抑えるには血抜きではなく、この反応を最低限に抑える必要があります。そこで出てくるテクニックが「高温短時間加熱」です。加熱すると鉄分が反応し、アラキドン酸が酸化しますが、この時間をなるべく短くする、というわけ。

中国料理ではレバーはある程度の薄さに切り、高温の油でさっと火を通した後、炒め物の最後に加えてさっと和えます。臭みを抑えるための実に巧妙な手法です。油で揚げるのは大変なのでここでは茹でたり、強火で焼いたりする手法をご紹介していますが、いずれにせよこの反応は 70℃で最も進むので、弱火でゆっくりと加熱すると臭いが強くなります。強火で一気に火を通してしまいましょう。

ごまブリ

ご飯ともお酒とも合う簡単レシピ

材料（2人前）

ブリの切身…100g（刺身用）
しょう油…大さじ1／2
みりん…大さじ1／2
すりごま…大さじ1／2
青ネギ…10本程度
みょうが…1個

1

青ネギとみょうがを小口切りにし、ブリは5㎜～7㎜厚に切る。

2

ボウルにブリ、しょう油、みりん、すりごま、青ねぎ、みょうがを入れさっくりと和える。

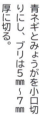

薬味とごまの関係

しょうが、みょうが、わさび、大葉、青ネギなどには特徴的な香りがあり、薬味として使われます。薬味とはもともとはその香りが毒消しや臭い消しになりそうだ、ということからついた名前で、強い香りで臭みをマスキングする効果があります。もっとも最近の食材はそもそも臭みが少ないので、そうした消極的な理由ではなく、香りを加えるために用いられると思います。

お刺身を食べるときもしょう油だけでは飽きてしまいますが、薬味を加えることで味わいが不均一になり、リズムが生まれます。豆腐やそうめんのような料理には目立った臭みはありませんが、薬味が欠かせないのは淡白な味で飽きやすいからでしょう。

植物の香りの多くは油胞と呼ばれる精油のカプセルに入っています。しょうがやみょうがを切ったり、大葉の裏側を手で触れると油胞が壊れて、香りが立つわけですが、噛みしめることでも香りが揮発します。つまり、香りを強く感じさせるには咀嚼感をコントロールする必要があるのですが、そこで役に立つ食材がごまです。ごまを加えることで人は自然と咀嚼するので薬味の香りを強く感じさせることができ、味わいにもコクが出ます。スパイスにごまを混ぜる手法は中国料理や中東料理でも見られますが、普段の定番料理に変化をつけるのにも役立つテクニックです。

煮卵

実験で導き出された最高の煮卵

材料（2人前）
卵…2個
めんつゆ（2倍濃縮）…適量

1
卵は底にヒビを入れ、沸騰した湯に入れ、7分30秒茹でる。冷水で冷やし、殻を剥く。

2
保存袋にめんつゆ、1の卵を入れる。

3
冷蔵庫で24時間漬ける。

めんつゆから最適な塩分濃度を導き出す方法

本書ではめんつゆを使ったレシピを紹介しない方針ですが、あえて煮卵だけはめんつゆ（２倍濃縮）と書いてみました。めんつゆがなければどうするか、あるいは3倍ではどうなるのか、など様々な疑問が浮かぶでしょう。ここでめんつゆを例に料理における塩分濃度について説明します。

一般的に適切な塩分濃度は人間に流れる血液の塩分濃度（約 0.9%）と同程度の 0.8%～1.0% といわれています。ただ、みそ汁やすまし汁の場合は 0.6% 程度、スープは 0.2%～0.5% 程度、生姜焼きは 1.5% 程度（糖分は 2%）、即席漬けは 1.5%～２% と幅があります。ちなみに一般的なめんつゆの塩分濃度はストレートが 3% 程度、２倍濃縮タイプは 6.5%、３倍濃縮タイプは 10% 程度です。ゆで卵をストレートのめんつゆに漬けても、逆に３倍濃縮タイプに漬けても味は入りません。実験した結果、煮卵に適切な塩分濃度は４%～６%程度とわかりました（糖分も同程度がよい）。レシピどおり２倍濃縮タイプのめんつゆを使ってもいいですが、前述した通りめんつゆは賞味期限が短いので、自作する手もあります。しょう油の塩分濃度は 16% なので、しょう油 50mℓ、みりん 50mℓ、水 100mℓ、かつお節などの出汁素材をあわせてひと煮立ちさせれば 4% 程度（糖分は約３%）の塩分濃度になるので、同じように煮卵がつくれます。このように数字を頭に入れておけば料理は失敗しないのです。

column

豚バラブロックは肉の繊維を短く断つように切る

21ページの「帯広を超えた」豚丼の解説にも書きましたが、肉は断面から酸化や乾燥が進み、味わいが落ちるので、塊肉を自分で切り出すのが間違いなくおいしい。薄切り肉のパックを買うよりも多少手間はかかりますが、グラム当たりでは塊肉のほうが安価なことも多いので、この際に豚バラブロックの切り方を憶えておきましょう。

豚バラのブロックを薄切りにする際には、肉の繊維の方向を知っておく必要があります。

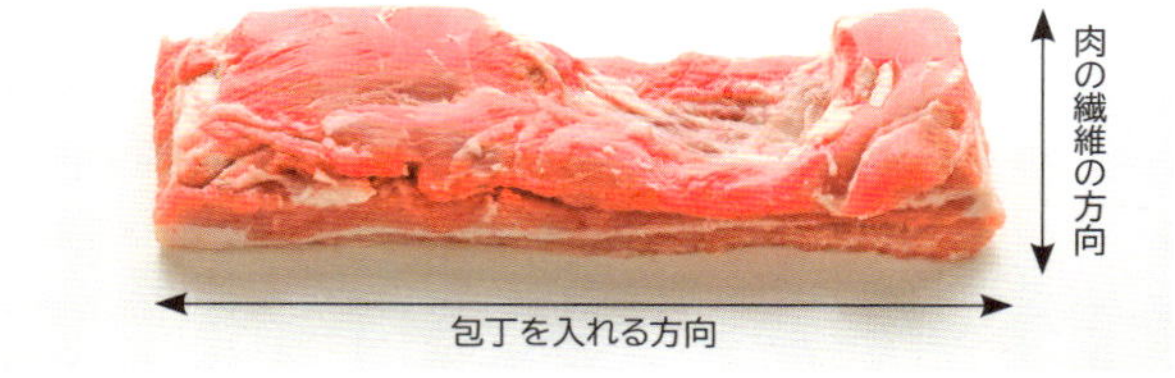

そもそも「豚バラ」は豚のあばら周辺の肉を指します。豚を捌く際、あばら（肋骨）に沿うように切り分けるので、スーパーなどの店頭では細長い、直方体のような形で売られているわけですが、こうした形をしていると、ついつい短い方を活かして、大根を輪切りにするときのように薄切りにしていきたくなるかもしれませんが、そうすると肉の繊維を断ち切れません。肉の繊維が長く残ったまま調理をすると、出来上がりの食感が硬くなってしまいます。できるだけ肉の繊維を短くするため、豚バラのブロック肉は、まず肉の繊維に沿って３等分～４等分に分割した後、肉の繊維に対して垂直に包丁を入れ、薄切りにしていきましょう。
今回紹介した「帯広を超えた」豚丼以外にも、豚バラ肉を使用するレシピでは同様の切り方をすることで、よりやわらかな食感にすることができます。

column

豚ロースは筋切りすれば、反らずに火入れができる

28ページの「超」生姜焼きでは豚ロースを調理しましたが、豚ロースはそのまま加熱してしまうと、肉が反り返ることがあります。

これは肉の赤身と脂身のあいだにある筋が、加熱により縮むことで起きる現象です。焼きの工程で肉が反ってしまうと、フライパンに当たる部分と当たらない部分で焼きムラができ、食感や味に悪影響を与えてしまいますので、加熱の前には筋切りを行って肉が反らないように下準備しておきましょう。

筋は赤身と脂身のあいだにあるので、上の写真のように、赤身と脂身のあいだに切れ目を入れましょう。また肉の端に近い方が反り返りやすいので、脂身の配置をみつつ、４か所～５か所切れ目を入れておけば、まず問題ありません。
切れ目が多すぎると肉の形がくずれるので、筋切りする箇所はなるべく少なくするのがベター。
筋は硬く意外と切りづらいので、包丁を刺すように入れて、切れ目をなるべく小さくするようにしましょう。

column

鶏レバーの捌き方

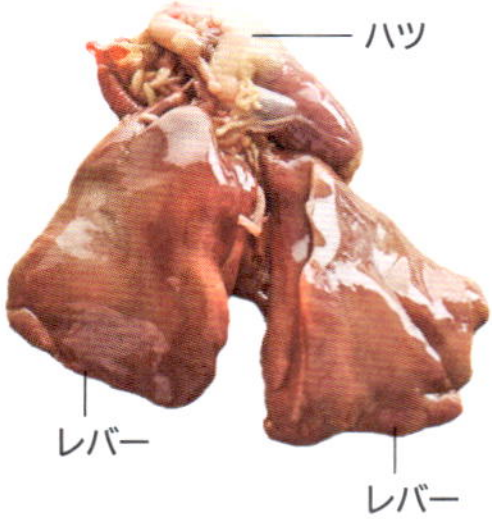

スーパーで買った鶏レバーは、左の写真のように、三つの部位が鈴なりについています。やわらかい二つの部位がレバー、二つに挟まれた白っぽく硬い部位がハツ（心臓）です。

①三つの部位に切り分ける

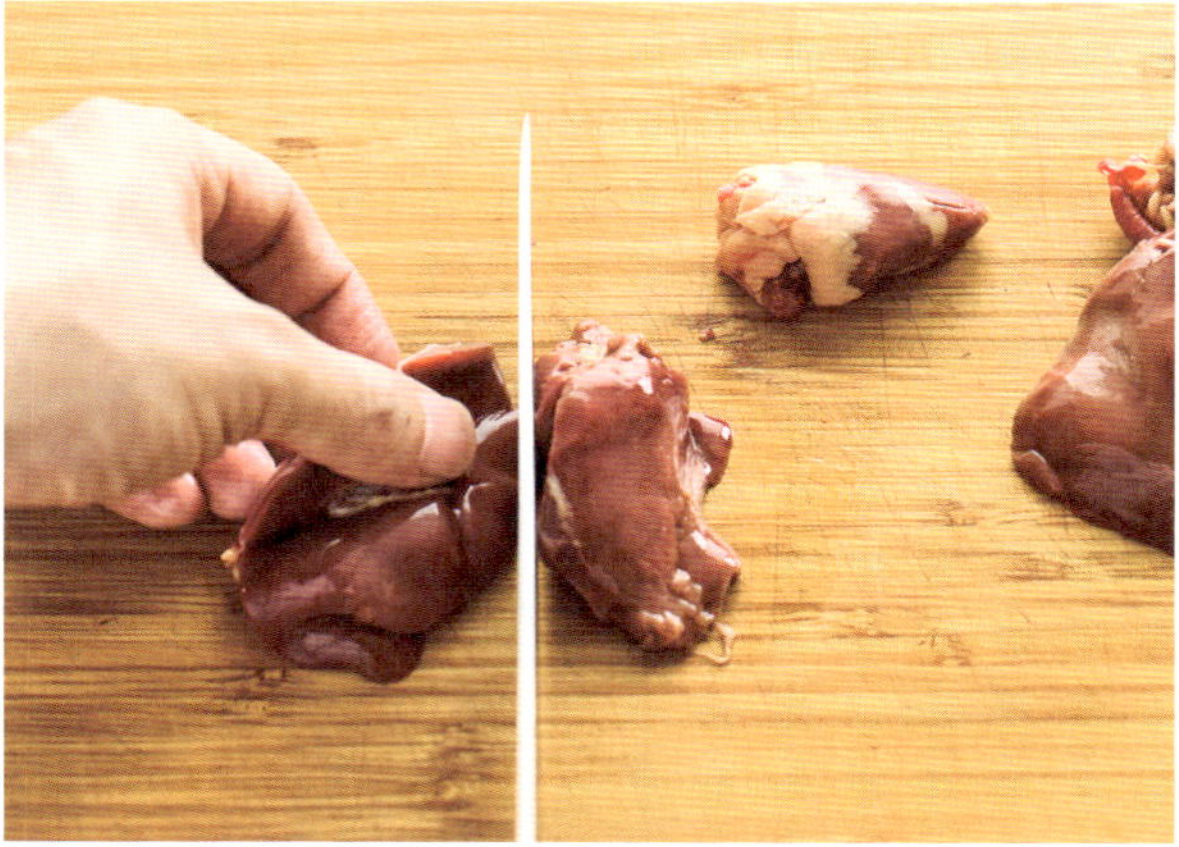

つながっている三つの部位を切り分けます。レバーの鮮度を落とさないように、あまり手で触らないように注意しましょう。

40ページの純レバで使用した鶏レバーは、安くておいしい最強のコスパ食材の一つです。スーパーなどでは、レバーにハツ（心臓）がついたまま売られていることも多いので、捌き方を紹介します。

②レバーを2等分に切る

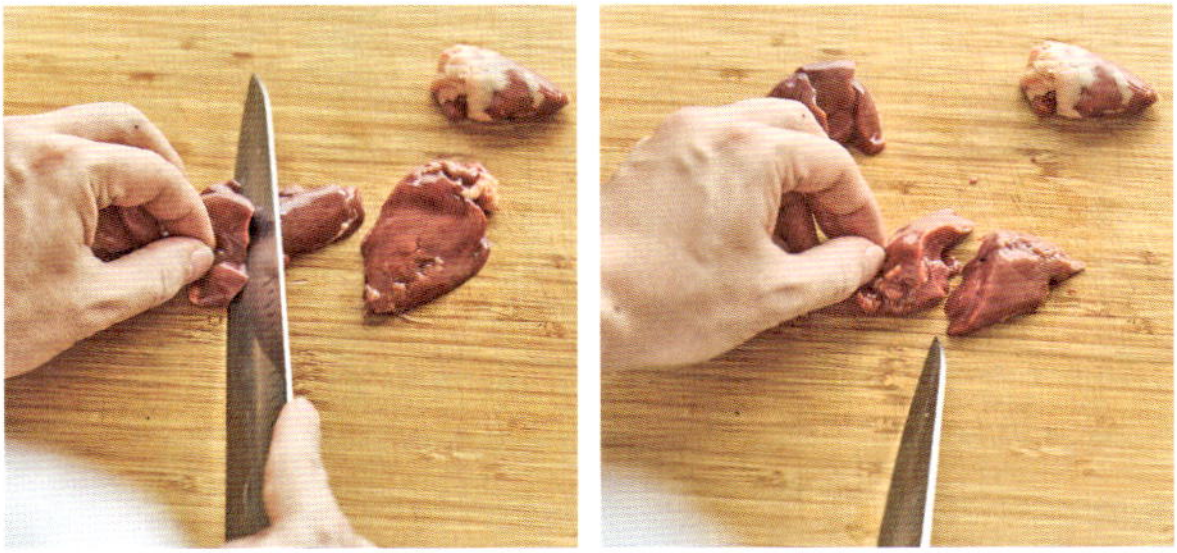

「純レバ」の場合にはなるべくレバーの断面が大きくなるよう、少し包丁を寝かせて斜めにカットしましょう。

③ハツの血合いを取る

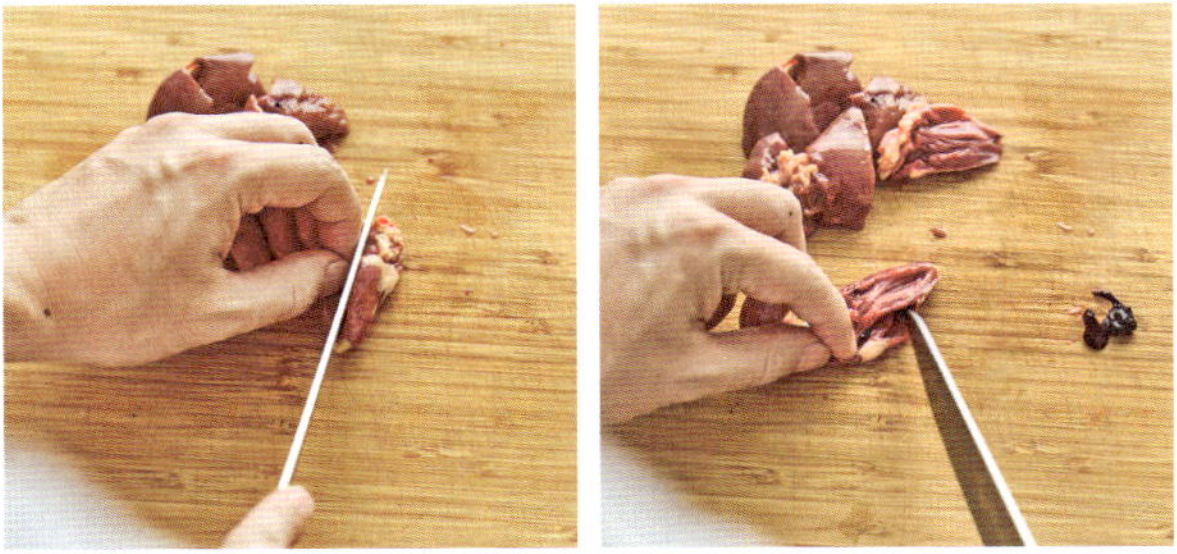

ハツは中心から半分にカットし、中に残っている血の塊を取り除きます。手前側の血の塊を取っても、奥の方に残っていることがあるので注意しましょう。ハツの周りの白っぽい脂身は、そのままで大丈夫です。

第三章

どんぶり・ごはんもの

ボリューム感を出しやすく、
一品だけでも一食になるごはんもの。
「男飯」のなかでも特に満足感のある
レシピを紹介！

STEP1 町中華風チャーシュー

ビールとも相性抜群

材料（2人前）

豚肩ロース肉（ブロック）…300g～350g
水…1ℓ
玉ねぎ…1／2個
A しょう油…100㎖
砂糖…30g
みりん…30㎖
酢…小さじ1

1 鍋に水、豚肩ロース、玉ねぎを入れ、中火にかける。沸騰してきたら弱火に落とし、1時間煮込む。

2 小鍋に**A**をあわせ中火にかける。ひと煮立ちしたら火を止める。

3 保存袋に1の豚肩ロース、2のタレを入れ、粗熱が取れたら冷蔵庫に入れ、4時間以上漬ける。

チャーハンについているスープ

1の煮汁（200㎖）にチャーシューのタレ（大さじ2）、長ネギの小口切りを加え、ひと煮立ちさせる。

STEP2 ニラにんにくチャーハン

山盛りで食べたい王道チャーハン

材料（2人前）

炊きたてご飯…400g
長ネギ…40g（みじん切り）
にんにく…2片
（みじん切り）
ニラ…40g（小口切り）
卵…2個
チャーシュー角切り…100g
チャーシューのタレ…大さじ1
オイスターソース…小さじ2
テーブルコショー（S&B）
…適量
塩…ひとつまみ
サラダ油…大さじ2+1／2

1 卵は溶き、チャーシューのタレにオイスターソースを混ぜておく。

2 フライパンにサラダ油大さじ2とにんにく、長ネギを入れ、中火で炒める。色づいてきたらサラダ油大さじ1／2を足し、1の溶き卵を加え、すぐにご飯を投入する。

3 切るように混ぜながらさらに炒め、パラパラになってきたらチャーシューの角切りと1のタレ、ニラ、塩、テーブルコショーを加え仕上げる。
（好みでうま味調味料を入れてもウマい）

解説 町中華風チャーシュー

豚肉、塊のほうがおいしい理由

チャーシューはチャーハンやラーメンの定番具材。漢字では叉焼と書き、長時間焼くのが正統的な作り方とされます。一方、町中華のチャーシューは焼かずに煮込み、調味液に漬け込む手法が多いようです（14ページの煮豚でも使った手法です）。煮ることでスープと具材の両方がとれて一石二鳥というわけですが、どちらの方法にせよプロは塊肉を加熱してから薄く切り出しています。

一方、家庭でよく使われるのは薄切り肉。安価で便利ですが、塊肉を加熱したほうが断然おいしくできます。ゆっくりと加熱することで酵素が働き、ペプチドというコクに影響する成分が増えるからです。

ペプチドは50℃～60℃の温度帯を通過するときにぐんと増えるので、この温度帯をゆっくりと通過させる必要があります。それには薄切り肉よりも塊のほうがベターなのです。ゆっくりと加熱するために水から加熱するのがいいでしょう。蓋をすると温度が早く上がるので、蓋はしません。水面に肉が浮かぶと乾燥して硬くなるので、水面にキッチンペーパーを落としておきます。アクや脂をキッチンペーパーが吸収するので手間も減ります。チャーシューに限らず煮込み料理の基本は蓋をせずに弱火で加熱すること。気化熱が働くことで沸点以下の温度でゆるやかな加熱が可能です。

チャーハンの科学

ニラ、にんにく、ネギなどにはアリシンという香り成分が含まれています。アリシンはアリインという成分がアリナーゼという酵素によって分解されることで生まれる物質で、肉に含まれるビタミンB_1と結びついて疲労回復などの効果が期待されたり、コレステロールや活性酸素の増加を抑えるなどの健康効果も注目されています。

酵素反応は細胞が壊れることで生まれるので細かく刻むほど風味が強くなります。ニラの場合は根本に近いほどアリインが多いので、とくに白い部分は細かく刻むようにしましょう。反対に緑の部分はある程度、形を残します。

チャーハンは硬めに炊いたご飯を使えば失敗しづらく、油→卵→ご飯の順番に入れるのが基本です。卵黄には水にも油にも馴染むレシチンが含まれているので、卵が半熟のうちにご飯を加えることで、レシチンの水に馴染む部分がご飯と結合し、油と馴染む部分がご飯の外側に突き出ることになります。結果として、ご飯粒同士がくっつくのを防ぎ、パラパラに仕上がるのです。切るように混ぜることで米粒が潰れず、粘り気も出ません。家庭用の 26cm のフライパンでは２人前が限度で、これ以上つくると熱量が足りなくなるので、４人前つくる場合は倍量を一度につくるようなことはせず、二回に分けましょう。

あんかけチャーハン

肉餡の豊かな風味でご飯が進む

材料（2人前）

- 冷やご飯…400g
- 卵…2個
- サラダ油…大さじ2
- 長ネギ…1／2本（50g）
- 塩…4g
- しょう油…小さじ1／2

肉餡

- 豚ロース薄切り肉…200g
- 酒…大さじ1
- サラダ油…大さじ1／2
- にんにく…1片（すりおろし）
- 水…300㎖
- ほんだし…小さじ1
- オイスターソース…大さじ2
- 水溶き片栗粉…大さじ2

1 まずは肉餡をつくる。豚ロース薄切り肉は細く切り、酒を加えて和える。サラダ油をひいたフライパンに肉を入れ、中火で色づくまで焼く。焼き色がついたらにんにくのすりおろしを加えて、混ぜながらさらに炒める。

2 水、ほんだし、オイスターソースを加え、水溶き片栗粉でとろみをつける。

3 フライパンに油を熱し、溶いた卵を入れる。卵が固まらないうちにご飯を入れ、ほぐしながら炒め、ネギのみじん切り、塩、しょう油で味を調え、器に盛り、**2**をかける。

とろみをつけるには時間がかかる

「水溶き片栗粉でとろみをつける」という表記はレシピでよく見かけますが、その裏側には様々な要素が絡んでいます。片栗粉の正体はデンプンで、水を加えて加熱すると58℃～65℃で固まってきます。子供の頃、工作の時間に紙をくっつけるのに使った「デンプン糊」の状態です。ここでとろみがついた、と勘違いしてはいけません。デンプンは糊化していますがまだ粒が残っているので舌触りが悪いのです。

さらに加熱を続けるとデンプン粒は形を失い、ゆるく滑らかなとろみに変わります。ここまで加熱を続けるのがとろみづけのコツ。中国料理店などでは火力の強いコンロを使っているので30秒ほどで十分ですが、家庭のコンロでは1分ほどの加熱が必要です。

いいとろみをつけるには水溶き片栗粉の水と片栗粉の比率も重要です。水が多すぎると鍋の温度が下がってしまい、なかなか片栗粉に火が通りませんし、煮汁も薄まってしまうからです。片栗粉に対して同量の水を加えたスラリー（泥状物）という状態が理想で、水溶き片栗粉というよりも「水浸し」片栗粉という言い方のほうがイメージしやすいかもしれません。また、片栗粉が水を吸うには多少の時間がかかるので、お店では片栗粉に水を加えた状態で冷蔵保存していますが、調理のはじめに準備するのがベターでしょう。

カツライス

洋食風“かつ丼”

材料（2人前）

惣菜のトンカツ…2枚

ソース

牛肉（小間切れ）…200g
マッシュルーム…8個〜10個（1パック）
玉ねぎ…1個
オリーブオイル…大さじ1／2＋大さじ1／2
バター…25g
小麦粉…20g
トマトケチャップ…70g
ウスターソース…大さじ1（または中濃ソース）
赤ワイン…100㎖
水…250㎖
温かいご飯…300g

1 玉ねぎは半量を薄切り。残り半分を7〜8㎜の厚さに、マッシュルームは5〜6㎜にスライス。オリーブオイルをひいたフライパンを中火にかけ、薄切りの玉ねぎを7分〜8分ほど炒める。

2 玉ねぎを端に寄せ、バターを溶かし、小麦粉を炒める。ケチャップとウスターソースを加え、全体を混ぜ合わせ、さらに炒めたところに赤ワインを注ぐ。

3 ひと煮立ちしたら水を加える。別のフライパンにオリーブオイル大さじ1／2をひき、中火で牛肉、残りの玉ねぎ、マッシュルームを炒める。しんなりしたら2に加え2分〜3分弱火で煮る。ご飯に温めたトンカツをのせ、ソースをかける。

解説 カツライス

スパイス感と長時間煮込んだ感を引き出すウスターソース

カツライスはいってみればトンカツ＋ハヤシライス。ハヤシライスは日本独自の料理。薄切り牛肉と玉ねぎを炒め、ケチャップを隠し味にしたドミグラスソースで軽く煮込んだ料理。ドミグラスソースは小麦粉をバターで炒めたブラウンルーをスープでのばし、さらに焼いた牛肉などを加え、時間をかけて煮詰めたもの。家庭でつくるのは大変なこともあり、簡略化した作り方が広まりました。

今回、ご紹介する方法もその一つで、「ウスターソース」が味の決め手です。ウスターソースはたくさんの野菜と果物、それにスパイスを長時間煮込み、酢を加えてつくります。何種類もスパイスを用意しなくてもウスターソースを加えるだけでスパイス感が出ますし、長く煮込まれているので加熱した味わいも出ます。ウスターソースに小麦粉を炒めたルーや焼いた牛肉を加えることでドミグラス感を出します。中濃ソースやトンカツソースはウスターソースに野菜のピューレなどを入れてとろみをつけたものなので代用可能です。

作り方としては玉ねぎ、小麦粉、肉、ケチャップなどをしっかりと炒めて焦げ目をつけることを意識してください。ドミグラスソースの色は焦げ目が重なったもので、メイラード反応がこってりとした味わいを生むからです。一つ一つの工程を丁寧に積み重ねるのが最大のポイント。

いかめし

駅弁の定番を家で手軽に

材料（2人前）

イカ（冷凍解凍品）…4本
米…1合（150g）
水…600㎖
しょう油…60g
砂糖…75g

1 米は洗い、30分水に浸ける。ザルで水気を切り、イカの胴体に詰め、爪楊枝で綴じる。

2 鍋に水と1のイカを入れ、中火にかける。沸騰したら弱火に落とし、蓋をして20分煮る。

3 しょう油と砂糖を加え、さらに30分煮る。煮汁が少なくなるまで煮詰める。

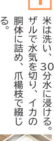

冷凍イカを使う理由

駅弁でも有名ないかめしは北海道の郷土料理。ある駅弁事業者が戦時中、食糧統制で米が不足していたため、当時豊漁だったスルメイカを用い、米を節約しても満足感がある料理として売り出したという歴史がありますが、今、つくるうえで問題になってくるのがイカの選択。いかめしにはスルメイカ（それもムギイカと呼ばれる小型のもの）、ヤリイカ、ジンドウイカ (関東ではコイカという名前で売られています) などが用いられますが、日本ではイカの資源量自体が減っていることもあり、どれも入手困難。

そこでオススメするのが冷凍のマツイカです。おいしさのポイントは「冷凍」ということ。イカは冷凍することで細胞の筋原繊維が壊れ、やわらかくなります。イカは他の魚介類と違ってうま味であるイノシン酸が極端に少ないのですが、冷凍→解凍する過程で細胞から溶出される酵素によってタンパク質が分解されるので、グルタミン酸が増えます。

冷凍→解凍することで食感もやわらかくなり、甘味やコクなども感じやすくなるようです。冷凍は保存のためと思われがちですが、調理の一工程でもあるのです。

簡略化するために普通のご飯を使っていますが、お店のように仕上げるには一晩浸したもち米を半量混ぜるとモチモチ感が出ます。しょう油と砂糖は思い切った量ですが、出汁を使わずに手軽につくれる料理です。

づけ丼

炒めた玉ねぎが刺身と調和

材料（2人前）

マグロ（刺身用さく）…80g
しょう油…大さじ1／2
みりん…大さじ1／2
玉ねぎ…1／4個
オリーブオイル…小さじ1
塩…ひとつまみ
黒こしょう…少々
わさび…適量
ご飯…茶碗2膳分

1 マグロは薄く切り、しょう油とみりんをまわしかける。

2 玉ねぎは薄くスライスする。フライパンにオリーブオイルをひき、玉ねぎを色づけないように中火で炒める。しんなりとして甘くなったら塩と黒こしょうで味をつける。

3 ご飯に2をのせ、1のマグロを並べる。わさびを添える。

解説　づけ丼

刺身はさくから

　買ってきて加熱をせずにすぐに食べられるお刺身はインスタント食品よりも簡単です。お刺身とご飯でもいいのですが、ここではしょう油とみりんのタレに漬け込む「づけ」という技法を用いることでご飯との馴染みをよくしています。みりんにはアルコール分が含まれていますが、量が少ないので（アルコールに弱い人や子供でなければ）煮切らずにそのまま使って問題ありません。

　スーパーで買えるお刺身にはあらかじめ切られたものと、さくという骨抜きの切身の２種類があります。切ると表面積が大きくなり、酸化や乾燥が進むので、おいしいのは断然後者。価格も割安で、日持ちもするので、自分で料理しない手はありません。

　そのために必要なのは技術ではなく、ある程度の長さの切れる包丁です。種類としては筋引きや柳刃などが使いやすいでしょう（僕は 21cm の文化包丁を使っています）。包丁の価格の違いは切れ味の持続性なので、たまにしか使わないのであれば安価なものでも大丈夫ですが、極端に価格が低い外国製の包丁はさすがに切れない場合もあるので、国産の包丁を選びましょう。世界で一番品質が高いとされる日本の包丁であればまず問題ないはずです。

　やわらかい魚を上手に切るには包丁全体を使って引くようにするのがコツ。力を入れる必要はありません。テレビや YouTube で料理人が魚を切っている様子を見ることができるので、真似するといいでしょう。

スパイスピラフ

やみつきになる喫茶店の名物料理

A
ウスターソース…50㎖
しょう油…大さじ1
オイスターソース
…小さじ1
砂糖…大さじ1＋1／2
水…100㎖

粗びき黒こしょう
…5g（小さじ2）
ラー油…小さじ1
かいわれ大根…適量
バターライス…茶碗2膳分

1 玉ねぎは薄切りにする。マッシュルームは薄切りにする。こんにゃくはさいの目に切る。豚バラ薄切り肉は1㎝目安に切り、薄力粉をまぶす。

2 サラダ油をひいたフライパンに豚バラ肉を入れ、中火にかける。片面に焦げ目がついたら裏返し、煮込み用の鍋に移す。フライパンに残った油で玉ねぎとマッシュルームを中火で炒める。うっすら焦げ目がついたら煮込み用の鍋に移す。

3 肉、玉ねぎ、マッシュルームが入った煮込み用の鍋にこんにゃくを加え、さらに**A**を加えて中火にかけ、沸いたら弱火に落とし、蓋をして10分煮る。仕上げに粗びき黒こしょうとラー油を加える。バターライスにかけて、かいわれ大根を添える。

解説 **スパイスピラフ**

茶色い料理とコーヒーの相性

スパイスピラフは徳島県の有名喫茶店のランチメニュー。ピラフと名前がついていますが、バターライスに豚肉の煮込みをかけた料理で、はじめて食べたときはそのおいしさに驚きました。スパイス感を出すためにウスターソース（このレシピでは『光食品 有機ウスターソース』を使用しています）を使い、仕上げに黒こしょうをたっぷり加えています。こしょうの辛味、香りは加熱によって揮発し、8分～10分しか持たないので仕上がる直前に加えるのがポイント。休日のランチにオススメで、食後にはコーヒーを飲みたいところ。コーヒーの黒い色もメイラード反応によるものなので、相性は抜群です。

バターライス

材料（2人前）

米…2合（300g）
水…370ml
バター…10g
顆粒鶏ガラスープの素
…小さじ1

1 米は水で洗い、ザルで水気を切る。

2 炊飯器に1の米、水、バター、鶏ガラスープを加え、通常どおり炊飯する。

3 炊けたら蓋を開けてほぐし、蒸気を飛ばす。

材料（2人前）

豚バラ薄切り肉…200g
薄力粉（強力粉でも可）
…大さじ1
サラダ油…小さじ1
玉ねぎ…1／2個
こんにゃく
…小1／2枚（75g）
マッシュルーム…4個～5個
（1／2パック）

トロの握りずし

自家製でも想像以上にウマい

材料（2人前）

マグロトロ（切身）…100g
わさび…好みの量
【酢飯】
米…2合（300g）
米酢…50㎖
塩…10g
グラニュー糖…24g（大さじ2）

1 ボウルで米酢と塩、グラニュー糖を混ぜ合わせてすし酢を作る。（時間をかければ溶けるので火にはかけない）

2 米を硬めに炊き、ボウルやバットなどに移す。1のすし酢をまわしかけ、しゃもじでざっくりと混ぜる。

3 酢飯を広げ、粗熱を取る。（うちわで扇いだりしてはいけない）

すしのおいしさは脂・塩・炭水化物でできている

すしは好きな食べ物ランキングで上位に入る食べ物。自分で握るのはハードルが高そうですが、外国のレストランやスーパーではすしはアルバイトが握るのが普通。はじめからプロのようにつくることを目指さなければそれほど難しくありません。

必要なのは理論です。例えば手が湿っていないとご飯がくっつくので、手は常に湿らせた状態を心がけましょう。かといって水でベタベタだと握りづらいので、手をパンと叩いて適度に水気を飛ばすのです。

酢飯には意外と塩が入ります。これだけの量の塩が入ってもしょっぱくならないのは酢とあわせることで塩味が和らぐ酸味の抑制効果によるもの。うちわで扇ぐイメージがあるかもしれませんが、温度が下がると酢が米に浸透しないので扇ぐのは厳禁。大きさを揃えたければシャリの重さを量るといいでしょう。一般的なシャリの重さは 15g ～ 20g、高級店では 12g 程度が多いようです。しっかりと握りつつ、口に入れるとほどけるシャリ玉にするには空気を入れるのが職人の技術ですが、73 ページの工程で中心を凹ませておくと簡単です。

ポテトチップス、二郎系のラーメン……おいしいものは脂、塩、炭水化物でできていますが、すしも同じ。魚の脂と酢飯の塩気、炭水化物の合わせ技は、すしがもともとファストフードだった歴史を感じさせます。

12

すしを指と手の腹で包むように軽く握る。

13

すしを軽く握りつつ、もう一方の手の人差し指で上から軽く押す。

14

切身からサイドにはみ出た酢飯を、人差し指と親指を使い、挟むようにして整える。

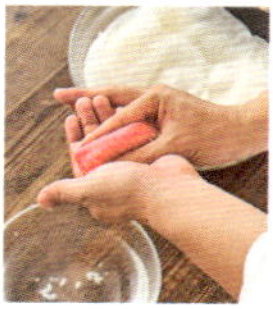

15

すしを持って、水平方向に１８０度回転させる。

16

回転させたら12と同様に軽く握る。

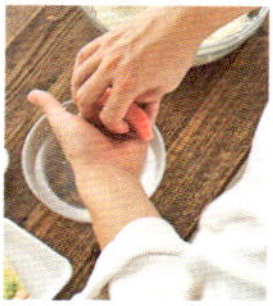

17

13と同様に、すしを持っていない手の人差し指で上から軽く押す。

18

14と同様に、人差し指と親指で整える。

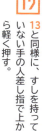

4

水を手にとり、パンと手を叩いて手のひら全体を濡らす。

5

片方の手に切身をのせる。

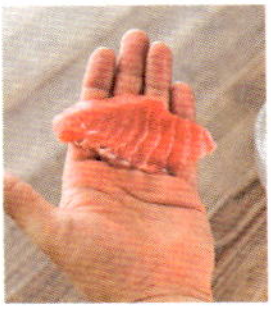

6

切身の中央にわさびをつける。

7

もう片方の手で、親指大の酢飯をとる。

8

指を使って酢飯を丸め、形を整える。

9

丸めた酢飯を切身にのせる。

10

のせた酢飯の中央を、親指で押して凹ませる。

11

すしを持った方の手の指を曲げ、もう一方の手で支えながら、切身が上にくるようにひっくり返す。

揚卵丼

シンプル料理の最高峰

材料（1人前）

卵…1個
サラダ油…大さじ2
刻み海苔…適量
温かいご飯…茶碗1膳分
しょう油…適量

1
卵を茶こしやザルなどに割り入れ、水様性卵白を取り除く。

2
フライパンにサラダ油をひき、中火で温める。フライパンを傾けたところに1の卵を入れ、白身に焦げ目がつくまで揚げ焼きする。

3
ご飯に刻み海苔をたっぷりと敷き、2の卵をのせ、しょう油をまわしかける。

究極の卵かけご飯

意外かもしれませんが卵はそれ自体に強い味を持ちません。タンパク質は分子が大きすぎるので味としては感じられないからですが、逆に味を持たないので、他の食材と調和するという特性があり、どんな食べ物にもあわせられます。冷蔵庫に入れておけば賞味期限が長いのも長所。

夜中、家に帰ってきてなにか食べたい……というときに卵かけご飯というのもいいですが、揚卵ご飯はどうでしょう。調理時間５分、１食 100 円で、美味なる味わいにありつける究極の卵かけご飯です。

卵の黄身は温めることで粘度が強くなり、コクが増しますし、水様性卵白を取り除くことで味わいも濃くなります（調理中の油ハネも減ります）。そこにあわせるのはたっぷりの海苔。海苔はアミノ酸系のうま味物質であるグルタミン酸と、核酸系のうま味物質であるイノシン酸、グアニル酸という三つのうま味を兼ね備えた数少ない食材で、味に厚みをもたらします。そのため刻み海苔はたくさんのせたほうがおいしいでしょう（写真は卵とご飯が見えるように少なめにしています！）。卵黄に含まれるリン脂質が全体の味わいを濃厚にし、味付けに使ったしょう油は卵白の香りとあわさると、出汁やめんつゆを思わせる香りに変わります。しょう油の量は卵＋ご飯の重量の５％が目安。これで計算上、塩分濃度 0.8％ になります。

第四章

麺・パスタ

手軽につくりやすい麺・パスタ料理。
過剰にシンプルなものから
パンチの効いた一品まで、
バリエーション豊かなレシピを紹介！

ソース和え麺

具がないのにやみつきになる味

材料（2人前）

中華蒸し麺…160g
サラダ油…大さじ2
しょうが…10g（みじん切り）
長ネギ…5cm（みじん切り）

A オイスターソース…大さじ1
水…小さじ1／2
しょう油…小さじ1

1 麺は熱湯をかけてほぐし、水気を切る。

2 フライパンに油をひき、中火にかける。しょうがとネギを炒める。香りが立ったら**1**を加える。

3 混ぜ合わせた**A**を加え、全体が混ざるまで20秒ほど和える。

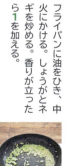

簡単レシピは簡単ではない

　料理初心者はどんなレシピを選ぶべきでしょうか。材料がなるべく少なくて、簡単そうなものを……と考えがちですが、シンプルな料理こそ工程のさじ加減一つで味がガラリと変わります。簡単そうな料理ほど、実は難しいのです。オイスターソースで和えた混ぜそばもその一つ。具は入っていなくても、海鮮系の香りがするところが面白い料理です。

　本格派のソース和え麺は細い中華乾麺をさっとボイルし、しっかりと湯を切った後、調味料で炒めてつくります。簡単そうですが麺の茹で時間、水切りの加減、炒め具合で、仕上がりが変わります。実は技術が必要な料理なのです。ここでは失敗を回避するために焼きそば用に市販されている蒸し麺を使いました。

　乾麺と蒸し麺、なにが違うのでしょうか。前者はボイルすることで水分量が多くなりますが、蒸し麺は吸水が限定的なのでコシが強く、伸びにくいのが特徴。この性質を利用すれば調味料を加えるのに手間取っても、多少炒めすぎても問題ありません。また、麺自体に塩味がついているので味付けが安定するのもメリットです。

　蒸し麺で慣れたら次は本格派の和え麺に挑戦するのもいいでしょう。その場合はインターネットで購入できる廣東麺という麺を使い、前ページのレシピの蒸し麺を130gの乾麺に置き換えてください。

唐揚げそば

やさしい味わいなのにガッツリ感も

材料（2人前）

鶏むね肉
…1枚（300g）

A しょう油…
大さじ1＋1／2
酒…大さじ1
こしょう…少々
にんにく…小さじ1／2
（すりおろし）
卵…1個

小麦粉…大さじ2
片栗粉…大さじ2
揚げ油…適量（26㎝フライパンに
200㎖が目安）
茹でそば…2袋
そばつゆ…適量
（しょう油50㎖　みりん50㎖
水500㎖　ほんだし3g）
青ネギ…適量（斜め切り）

1 鶏むね肉は4枚のそぎ切りにし、**A**で和える。小麦粉と片栗粉をまぶし、バットに並べて5分ほど置く。

2 フライパンに油を1㎝高さまで注ぎ、**1**の鶏むね肉を並べ、中火にかける。衣が固まってきたら裏返し、さらに全体が色づくまで揚げる。（トータルで7分〜9分）

3 どんぶりに温めたそばつゆ、温めたそばを入れ、**2**の唐揚げをのせ、青ネギの斜め切りを添える。

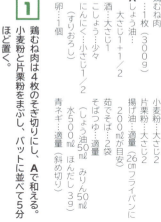

解説 **唐揚げそば**

卵を使うと肉がしっとりする理由

唐揚げは鶏もも肉でもむね肉でもつくれます。ただ、鶏むね肉はもも肉と比べると脂肪が少ないので、揚げすぎると硬くなりがち、という傾向があり、また筋繊維を包む膜が薄いので、加熱しすぎると肉汁が流出し、パサパサになる、という問題もあります。

これを避けるには事前に保水しておくことです。肉の保水には塩、酒、砂糖、卵などが使われます。例えば塩はタンパク質の一部を溶かし、それが水分を抱え込むので、結果肉がやわらかく仕上がりますし、砂糖も水分と結びつく性質があります。酒はアルコールが肉の繊維のあいだに入り込むので、保水性が上がるという仕組みです。

なかでもこの作用が強いのが卵で、鍵を握るのは卵白の凝固性です。卵白のみを加熱すると固まってゆで卵になりますが、水分を加えて加熱すると茶碗蒸し状に固まります。卵白のタンパク質は網目が粗い構造をしているので、そのあいだに水分を抱え込めるわけですが、鶏むね肉を加熱するときに流れる肉汁を卵白が抱え込むことで肉がしっとり仕上がる、というわけです。

この機能は卵黄にもありますが、卵白のほうが強いので卵黄だけを使って卵白が余ったときは冷凍保存しておき、こういったときに使うのもいいでしょう。

ミートソースパスタ

子供から大人まで大好きな味わい

材料（2人前）

フェデリーニ（または
スパゲッティーニ）
…160g
合びき肉
…250g～300g
塩…小さじ1／2（3g）
砂糖…小さじ1＋1／2
（5g）
水…大さじ1
にんにく…1片（みじん切り）
オリーブオイル…小さじ2
トマトジュース（無塩）
…200㎖
小麦粉…大さじ1
ウスターソース…小さじ1
粉チーズ…好みで適量

1 ひき肉に塩と砂糖を溶かした水をかけ、味付けする。フライパンにオリーブオイルとにんにくを入れ、中火にかける。

2 にんにくが泡立ってきたら、1のひき肉を入れ、そっと広げる。焦げ目がついたら裏返し、出てきた脂に小麦粉を振り入れ、さらに炒める。焼き色がついたらトマトジュース、ウスターソースを加えて、弱火に落として10分煮る。

3 パスタを塩分濃度1％の湯（分量外）で袋の表示時間どおりに茹でる。茹で上がったら器に盛り、2のミートソースをかける。好みで粉チーズを振る。

解説 ミートソースパスタ

砂糖と塩で水分補給

ミートソースづくりには通常、香味野菜をみじん切りにして炒めたソフリットというベースが使われますが、ここではウスターソースで代用しています。前述したようにウスターソースには野菜の甘み、うま味が溶け込んでいるからです。また、オーソドックスなミートソースは１時間～２時間ほど煮込みますが、このレシピでは煮込み時間は10分で十分。長く煮込むのは味を凝縮させ、鍋肌と表面でメイラード反応を進め、味に深みを出すためです。

メイラード反応は低温でも進みますが、時間がかかります。温度が高いほど反応は早く進むので、ここでは加える水分量を少なくして、あらかじめ肉、にんにく、小麦粉を高温で加熱してメイラード反応が起こりやすくしておくことで、煮込み時間を短縮しています。肉に焦げ目がつく温度は約170℃以上。肉をたくさん入れると、この温度が維持できないので、分量は守ってください。

肉は加熱していくと水分が失われていきます。ミートソースの場合、煮汁がおいしくなるのでいいのですが、肉自体がパサつきすぎるのは避けたいところ。そこであらかじめ水を加えることで失われる水分を補っておきます。ただの水でもいいのですが、塩と砂糖を加えることで保水力がアップします。人間も水分補給には水分だけではなく、電解質を補給する必要があるので、経口補水液には塩と砂糖が入っていますが、肉にも必要なのです。

カルボナーラ風

日本「風」かつ「風」味が強い

材料（2人前）

フェデリーニ（または
スパゲッティーニ）
…160g
ベーコン…80g
にんにく…1片
赤唐辛子…1本
オリーブオイル…大さじ1
卵…2個
パルメザンチーズ…15g
牛乳…大さじ2
しょう油…小さじ1
黒こしょう…適量

1 ベーコンは短冊に切り、にんにくはみじん切りにする。フライパンにベーコンとオリーブオイルを入れ、中火にかけ、脂が出てきたらにんにくと半分に折った赤唐辛子を加える。パスタを塩分濃度1％の湯（分量外）で表示時間どおり茹でる。

2 にんにくが色づいたら火を止め、パスタの茹で汁50㎖を加える。ボウルに卵、しょう油、チーズ、牛乳を混ぜてソースをつくる。

3 茹で上がったパスタを2のフライパンに入れ、ソースを加えて卵が半熟になるまで火を通し、黒こしょうを振りかける。
（カルボナーラではないので卵がダマになってもOK）

解説 カルボナーラ風

風味のカプセル化

カルボナーラではなく、カルボナーラ風は「ハシヤ」というお店のオマージュレシピ。ハシヤは日本風のスパゲッティ店の老舗で、多くの名作を生み出しました。イタリアのカルボナーラはとろりとクリーミーなソースに仕上げますが、カルボナーラ風はもう少し加熱して、炒り卵の半熟感を出します。卵がボソボソと固まった状態になるので、イタリア料理原理主義者は眉をひそめるかもしれません。

カルボナーラは卵に火を通しすぎると失敗とされますが、カルボナーラ風なら大丈夫。卵に火を通しすぎずにクリーミーに仕上げるのと、半熟状態まで加熱するのではなにが違うのでしょうか。卵に火を通していくとタンパク質が凝固していきます。そのとき、風味を抱え込むので、口に入れて咀嚼すると風味を強く感じます。イギリスのシェフ、ヘストン・ブルメンタールはこれを「風味のカプセル化」と呼んでいますが、火を通したほうが「卵感」は強くなるのです。

このレシピでは卵＝風味のカプセルにベーコン、チーズの他に、しょう油のフレーバーも加えています。しょう油のうま味と香りが味を引き締め、さっぱりとした後味に貢献するからです。細めの麺を使っていますが、理想はスパゲッティくらいの太さの麺を使うこと。作り方と分量は同じなので、手元にあるパスタで試してみてください。

ナポリタン

お店のモチモチ感を完全再現

材料（2人前）

スパゲッティ…160g
水…1.5ℓ
塩…15g
（ゆでる湯の1%重量）
砂糖…15g
（ゆでる湯の1%重量）

A ベーコン
…60g（短冊切り）
マッシュルーム
…3個〜4個
（2㎜厚にスライス）
ピーマン…2個（千切り）
玉ねぎ…125g（薄切り）

オリーブオイル…大さじ1
トマトケチャップ…80g
ウスターソース
（または中濃ソース）…小さじ1
バター…10g
粉チーズ…好みで振りかける

1 鍋に水、塩、砂糖を入れて強火にかける。沸騰したら弱火に落とし、スパゲッティを袋の表示時間＋1分茹でる。

2 オリーブオイルをひいたフライパンに**A**を入れ、中火にかける。2分〜3分たったら混ぜ、空いたところでケチャップとソースを炒める。ケチャップの水分が飛んだら全体を混ぜる。

3 茹で上がったスパゲッティを2のフライパンに入れ、バターを加えてよく炒める。ソースが混ざりにくい場合は茹で汁を30㎖ほど足す。

ナポリタンは砂糖で茹でる

　ナポリタンをお店の味に近づけるポイントは『パスタを茹でてから冷蔵庫で一晩寝かし、水分を加えながらよく炒める』というもの。注文のたびにスパゲッティを茹でている余裕のない店では茹で置きをしますが、その工程で麺の水分量が増え、それを焼くことで独特のモチモチ感が出るからです。

　しかし、家庭では「ナポリタンを食べたい」と思い立ってからスパゲッティを茹で、食べるのは翌日……というのは非現実的。それを解決するために導き出した（現状の）最適解がこの「スパゲッティを塩と砂糖を入れた熱湯で、袋の表示時間より１分長く茹でる」という作り方。

　パスタを茹でる際に塩を加える理由は主に「味付け」のためですが、塩分濃度が 2% を超えるとパスタのコシが強くなります。高い濃度の湯で加熱すると麺の吸水が妨げられるので、結果としてデンプンの糊化が抑えられる＝コシが出るという仕組みです。一方、塩分濃度 2% の湯で茹でると今度は「塩辛い」という問題が出てきます。

　そこで登場するのが砂糖です。砂糖を加えることでも吸水が妨げられるので、デンプンの溶出が抑えられ、長時間、茹でても麺の外側がやわらかくなりすぎないのです。さらに砂糖の下味が入ることでケチャップの酸味も抑えられ、全体の味がまとまります。こうすればスパゲッティを茹で置きする必要はありません。

たらスパ

たらこの量こそが正義

材料（2人前）

スパゲッティ…160g
たらこ…100g
バター…30g
オリーブオイル…大さじ1
大葉…2枚

1 スパゲッティを塩分濃度1％の湯（分量外）で袋の表示時間を参考に茹でる。

2 ボウルに薄皮を取ったたらこ、小さな角切りにしたバター、オリーブオイルを準備し、大葉は千切りにする。

3 茹で上がったスパゲッティをボウルに入れ、よく混ぜる。器に盛り付け、大葉の千切りをのせる。

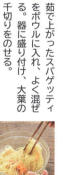

圧倒的な量が生む味

たらこスパゲッティの発祥は1953年に創業したイタリアンレストラン「壁の穴」といわれています。常連客からのリクエストでつくったキャビアを使ったスパゲッティが美味だったことから、レギュラーメニューとしてたらこで代用したことがはじまり、とのこと。今では様々な作り方がありますが、たらことバターを茹で上がったスパゲッティと和えるだけという手軽さが魅力です。

そのままでもおいしいたらこやバターをストレートに味わうレシピなので、ロジカルなポイントはありませんが、ポイントがあるとすればたらこの量。レシピによってはたらこの量を控えて、めんつゆや昆布茶で味を補うパターンもありますが、たらこをケチると味が出ません。料理の世界では量が力を発揮する場合もあるのです。

バターは香りのいいカルピス㈱特撰バターがオススメです。仕上げにボウルで混ぜるのもポイントで、加熱しないことでバターの香りが残りますし、たらこに火が通りすぎるリスクも回避できます。

自炊をするには健康や経済的なことなど様々な動機がありますが、食べたいものを食べたいように自由につくれる、というのもあるでしょう。お店で出すとすると原価的に難しいメニューも自作なら可能。たっぷりのバターとたらこの背徳的な味を楽しんでください。

ペペロンチーノ

にんにく好きのためのパスタ

材料（2人前）

フェデリーニまたは
スパゲッティーニ
…160g
水…1ℓ
塩…12g
オリーブオイル…40㎖
にんにく…20g（2片／
2㎜厚にスライスし、
芯を取り除く）
赤唐辛子…1本
イタリアンパセリ
…5g（みじん切り）

1 フライパンにオリーブオイルとにんにくを入れ、中火にかける。泡立ってきたら弱火に落とし、じっくりと加熱する。袋の表示時間を目安に塩分濃度1.2％の湯（分量外）でパスタを茹でる。

2 にんにくが薄く色づいたら半分に折った赤唐辛子を加え、パスタの茹で汁50㎖、イタリアンパセリのみじん切りを加えて火を止める。

3 フライパンを再び中火にかけ、茹で上がったパスタを加えて和える。
（アレンジしてしらすをのせてもウマい）

解説 ペペロンチーノ

にんにくだけでおいしい秘密

ペペロンチーノには人の数ほどレシピがあり、こだわりも様々。このレシピはにんにくのうま味を味わうレシピです。おいしさの秘密はにんにくの厚さです。

にんにくの風味はアリインが酵素反応によってアリシンという香り物質に変化することで生じることは前述しましたが、実はアリインは代表的なコク味物質で、味に厚みを与え、うま味を増強する効果が知られています。

にんにくを細かく刻んだり、すりおろしてしまうとアリインはアリシンに変わってしまうので、活かすことができませんが、細胞が傷つかないある程度の厚さ（ここでは2mm）にスライスして、オイルで加熱すると酵素が失活するので、アリインが残ります。これがこのレシピの肝。

にんにくがきつね色になるまで温度を上げるとやはりアリインが分解してしまうので、火を通しすぎないところで茹で汁を加えます。茹で汁に風味が溶け出したにんにくの出汁をパスタに絡める手法です。

コク味物質は他の食材のうま味を引き立てるので、他の食材を加えるのも楽しいところ。しらす、イクラ、ベーコン、とうもろこし、ゴーヤ、ししとう、ピーマンなどアレンジは無限大。にんにくの風味をもっと出したければ、カリカリに揚げたみじん切りのにんにくをトッピングする手もあります。

大葉パスタ

しょう油と大葉の香りがたまらない

材料（2人前）

フェデリーニまたはスパゲッティーニ…160g
オリーブオイル…大さじ1／2
ウインナー…4本
玉ねぎ…1／2個
バター…20g
しょう油…大さじ1／2
大葉…20枚

1
塩分濃度1％の湯（分量外）で袋の表示時間を目安にパスタを茹でる。ウインナーと玉ねぎをうす切りにする。フライパンにオリーブオイル、ウインナー、玉ねぎを入れ、中火で炒める。

2
玉ねぎとウインナーに焼き色がついてきたら奥に寄せ、フライパンを傾け手前でバターを溶かす。バターが泡立ったらしょう油を加え、火を止める。

3
茹で上がったパスタを入れて絡め、再び中火で炒め合わせる。器に盛り付けたっぷりの千切りにした大葉で覆う。

解説　大葉パスタ

外硬内軟

個人的に好きな喫茶店の名物料理です。イタリアではパスタはソースで和えるもので炒めたりはしませんが、日本風のスパゲッティなので、しっかり炒めます。なにが違うのでしょうか？

パスタを茹でるとタンパク質及びデンプン粒が吸水、膨張し、外側の層はゆるくなります。反対に内側には水があまり届かないので麺の中心部分の構造はあまり崩れません。これがしっかりと火は通っているものの、中心にいくほど硬さが残った仕上がり——いわゆるアルデンテです。これよりやや短めに茹で上げて、ソースを絡めることでちょうどよい状態にする場合もあります。

一方、しっかりめに茹でたパスタを油で炒めると表面の水分が蒸発し、外側が締まり、やや硬い食感になります。この状態になると外側の構造が崩れた部分にソースが入っていかなくなるので、イタリアでは好まれないのですが、しかし、外側が硬く、内側はやわらかいという状態はいわゆる外硬内軟……炊きたてご飯がおいしいとされる食感と同じです。ここではパスタをしっかりと炒めることで、日本人好みの食感を生み出します。料理本はときに本場の作り方を正解として提示しがちですが、料理に間違いはあっても正解はありません。目的の味を目指し、工程を的確に積み上げていくこと。料理で守るべきルールはそれだけなのです。

おわりに

男飯を通じて、おいしさの正体が見えてきたでしょうか？
この本には「茶色」の料理が並んでいます。茶色い料理はおいしいものが多いですが、なぜでしょうか。

こんがりと色づいた焼き鳥と、白っぽい焼き鳥があれば、前者のほうがおいしそうに見えます。逆に後者の焼き鳥からは物足りなさを感じてしまい、実際に食べてもそのマイナスイメージに引きずられて、印象が悪くなる場合もあります。

では、焼き色が生じるとき、肉にはどのようなことが起こっているのでしょうか。肉の焼き色と関係している反応がメイラード反応です。メイラード反応はアミノ酸などのアミノ化合物と還元糖（ブドウ糖や果糖）などのカルボニル化合物による化学反応で、加熱によって促進されます。反応の結果、生成されるメラノイジンという褐色の物質が焼き色の形成に寄与するので、焦げることを恐れて弱い火で加熱を続けてもおいしい料理にはなりません。また、香ばしい焼き色をつけた肉がジューシーに感じるのは、メイラード反応によって生成される香りが唾液の分泌を促すからです。

メイラード反応が起きているのは肉だけではありません。

しょう油やみその茶色もメイラード反応の結果ですし、コーヒー豆やナッツ類を焙煎したときのいい香りもそうです。料理のおいしさはこうした化学反応の結果、生まれるものです。ただ、料理のおいしさの正体はそれだけではありません。

帯広で豚丼が生まれたのは昭和初期。汗を流して働く農家や開拓者のために、ある店主がスタミナ料理をつくろうと思い立ったことがきっかけだそうです。当初は食材としてうなぎを使おうとしたところ高価だったため、目をつけたのが豚肉。身近で手に入りやすい豚肉にうなぎの蒲焼風のタレで味付けしたことで、あの豚丼が生まれた、とされます。お腹いっぱい、おいしいものを食べてもらいたい。名作とされる料理が生まれる背景にはそんな人の思いがあります。

おいしい料理をつくること。それは高価な食材を使えばいい、という話ではないのです。価格は市場が決めることですが、どんな食材にも良さがあります。また、同じような顔をしていても、それぞれの個性があります。未熟なものもあれば成熟しているもの、傷みはじめているもの……その食材と語り合い、今の状態から食べておいしい最適な味を導き出すこと。もっとおいしく作れたら……と手をかけること。そんな人の思いこそが料理のおいしさの正体なのです。

樋口直哉（ひぐちなおや）

作家・料理家。1981年東京都生まれ。服部栄養専門学校卒業。2005年、『さよならアメリカ』（講談社）で第48回群像新人文学賞を受賞し、作家デビュー。同作は第133回芥川龍之介賞の候補にもなった。ほかにも、2014年に映画化された小説『大人ドロップ』や『スープの国のお姫様』（ともに小学館）、『新しい料理の教科書』『もっとおいしく作れたら』（マガジンハウス）、『ぼくのおいしいは3でつくる　新しい献立の手引き』（辰巳出版）、『最高のおにぎりの作り方』（KADOKAWA）など著作多数。

ロジカル男飯《おとこめし》

2024年9月30日初版1刷発行

著　者 ―― 樋口直哉
発行者 ―― 三宅貴久
装　幀 ―― アラン・チャン
印刷所 ―― 堀内印刷
製本所 ―― ナショナル製本
発行所 ―― 株式会社光文社
東京都文京区音羽1-16-6（〒112-8011）
https://www.kobunsha.com/
電　話 ―― 編集部03（5395）8289　書籍販売部03（5395）8116
制作部03（5395）8125
メール ―― sinsyo@kobunsha.com

　ISBN 978-4-334-10425-2